M000303378

Level 2 Reader

This graded reader is designed for use with *PASOS Y PUENTES*. Each reading selection corresponds to the similarly numbered chapter in that text. The reader can also be used with any second-year Spanish program.

Bernadette M. Reynolds
Montbello High School
Denver, CO

Carol Eubanks Rodríguez
Glen Crest Junior High School
Glen Ellyn, IL

Rudolf L. Schonfeld
Parsippany High School
Parsippany, NJ

Scott, Foresman and Company
Editorial Offices: Glenview, Illinois

Regional Offices: Sunnyvale, California • Atlanta, Georgia • Glenview, Illinois
Oakland, New Jersey • Dallas, Texas

Cover illustration by Don Charles.

Cover title by Eliza Schulte.

Illustrations by Robert Baumgartner, chapters 3, 6, 9, 13; Don Charles, chapter 15; Larry Frederick, chapter 12; Linda Kelen, chapters 2, 11; Rob Porazinski, chapters 8, 16; Dan Siculan, chapter 7; Mr. Stubbs, chapters 1, 5; George Suyeoka, chapters 4, 14.

Calligraphy by Eliza Schulte, chapter 15.

ISBN: 0-673-20767-6

345678910 PAT 99989796959493929190

TABLA DE MATERIAS

POR QUÉ PICAN LOS MOSQUITOS

por Elizabeth Millán

¿Conoces algunos cuentos en que el autor usa animales para enseñar una moraleja (*moral*)?

Una bonita mañana de verano, Zoilo el zorro camina en el campo. Zoilo no tiene muchos amigos porque no es muy simpático y es bastante tonto. En el camino ve a Marcos el mosquito. Marcos tiene muchos amigos porque es muy simpático y también muy listo. En
5 esos años los mosquitos no picaban a los animales. Tampoco picaban a las personas.

Zoilo invita a Marcos a jugar. El zorro dice:

—Vamos a correr. Vamos a correr desde este árbol al lago. Si tú llegas primero, te invito a una cena fabulosa. Si yo llego primero, ¡tú
10 me invitas!

Marcos acepta y van juntos al árbol. Pero Marcos es listo y antes de correr, se esconde en la cola de Zoilo.

Y Zoilo, ¡el tonto! va muy rápido. Corre rápido y no ve a Marcos. No ve a Marcos porque Marcos no está en el camino. ¡Marcos está en
15 la cola de Zoilo!

Pronto Zoilo ve unas zanahorias al lado del camino.

—Voy a comer unas zanahorias porque no veo a Marcos. ¡El pequeño Marcos es muy lento! No va a llegar al lago hoy.

Zoilo toma unas zanahorias. ¡Están deliciosas! El zorro está muy
20 contento porque puede comer y está cerca del lago. Y está contento porque cree que Marcos lo va a invitar a una cena.

Zoilo come y Marcos sale de la cola de Zoilo y va rápido al lago.

Zoilo come una zanahoria más y después camina rápido al lago.

Pero cuando llega, ¡ve a Marcos que ya está al lado del lago!

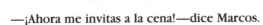

25 —¡Ahora me invitas a la cena!—dice Marcos.

—No, no te invito—contesta Zoilo—. Voy a mi casa.

—¿No me vas a invitar?—pregunta Marcos.

—¡Nunca!—contesta Zoilo—. ¡Adiós!

A Marcos no le gusta la actitud de Zoilo, porque el zorro
30 no cumplió con su promesa. Entonces, Marcos llama a sus
hermanos, a sus primos, a sus tíos y a todos sus amigos.
Llegan muchos mosquitos. ¡Llegan mil mosquitos y todos van
a la casa de Zoilo! Esperan a Zoilo en la puerta de su casa.
Cuando llega Zoilo, los mosquitos lo pican. Pican y pican.
35 Los mil mosquitos pican al zorro tonto.

—¡Socorro! ¡Socorro!—dice Zoilo y corre otra vez al
lago. Los mosquitos no pueden picar a Zoilo en el agua. Creo
que el tonto Zoilo todavía está en el lago. ¡Y desde entonces,
los mosquitos pican a los animales y a las personas!

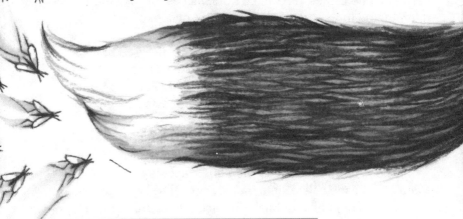

¿DE QUÉ SE TRATA?

1. ¿Qué piensas que simbolizan el zorro y el mosquito?
2. ¿Te gusta esta clase de cuento? Explica tu respuesta.
3. ¿Por qué crees que estos cuentos son tan populares?

¿QUÉ QUIERE DECIR?

pican	bite	**la cola**	tail
el zorro	fox	**no cumplió con**	didn't keep
picaban	used to bite	**su promesa**	his promise
se esconde	he hides	**¡Socorro!**	Help!

5

Mi Tío Mundo

por Eduardo Aparicio

¿Crees que es difícil escoger un trabajo para toda la vida?
¿Por qué sí o por qué no?

Tengo varios tíos, y uno de ellos es mi preferido. Ese tío se
llama Raimundo, pero mis hermanos y yo decimos Tío Mundo.
La gente cree que Tío Mundo está loco. Hay personas que
dicen que está "quemado," que la cabeza no le funciona bien.
5 Pero nada de eso es verdad. Lo que pasa es que Tío Mundo es
diferente de todo el mundo. Ahora les voy a explicar.
Para empezar, tengo que decirles que no sé cuántos años
tiene mi tío. Mi abuela, quien es su madre, dice que él tiene
cuarenta años. Pero mi madre, quien es su hermana, dice que
10 Tío tiene sólo diez. Y Tío Mundo, cuando alguien le pregunta
cuántos años tiene, contesta con una respuesta que ya tiene
preparada:
—Tengo un año más que el año pasado y un año menos que
el año próximo. Ésos son los años que tengo, más o menos.
15 Tampoco comprendo muy bien qué clase de trabajo quiere.
Cada año o cada seis o siete meses, deja el trabajo que tiene y
busca un trabajo nuevo. Mi padre dice que el problema es que
Tío no quiere ser nada.
La lista de sus trabajos pasados es muy larga: vendedor de
20 zapatos durante seis meses, enfermero en una ambulancia
(hace muchos años), agente de viajes en España, aeromozo en
la América del Sur, guardián de un zoológico de animales
tropicales en Puerto Rico, bibliotecario por la noche, operador
de ascensores por el día, conductor de taxi en Nueva York,
25 profesor de francés en un colegio particular a la vuelta de la
esquina, conductor de autobús durante siete meses, operador

GUARDIÁN ENFERMERO AGENTE DE VIAJES AEROMOZO

de computadoras todo un año, actor de teatro en tres
obras románticas, actor de cine en dos películas
policíacas, conductor de tren, camarero en un
30 restaurante italiano, cocinero en un magnífico
restaurante portugués, autor de una novela larga,
escritor de dos biografías cortas.

Mis hermanos y yo hablamos mucho con Tío Mundo.

—Tío Mundo, ¿qué trabajo te gusta más?

35 —Me gustan todos, sobrinos—nos contesta Tío
Mundo—, porque en todos los trabajos aprendo algo y
yo quiero aprender un poco de todo.

—¿En todos aprendes algo? ¿Estás seguro, Tío
Mundo? ¿Qué puede aprender un vendedor de zapatos
40 o un guardián de zoológico?

—Un vendedor de zapatos aprende a conocer a la
gente según sus pies. Y un guardián de zoológico
aprende mucho sobre la gente cuando mira los
animales—continúa Tío Mundo—. Pero, ¿saben cuál es
45 el trabajo que empiezo mañana? Voy a ser fotógrafo
para un periódico.

—¿Para siempre, Tío Mundo?

—No sé, sobrinos, es difícil ser algo para siempre.
Todavía sueño con ser piloto, veterinario, torero. ¡Quién
50 sabe qué voy a ser después!

Me parece que no es tan difícil comprender a este tío
nuestro, a este Tío Mundo tan enérgico, que no quiere
ser nada, o que quiere ser todo.

¿DE QUÉ SE TRATA?

1. ¿Por qué dice el padre que Tío Mundo "no quiere ser nada"?
2. ¿Conoces a alguien similar a Tío Mundo? ¿Quién es y cómo
   es su vida?

¿QUÉ QUIERE DECIR?

el aeromozo = el auxiliar de vuelo
el conductor   driver
el cocinero   cook
sueño con ser   I dream about being

LA INVASIÓN DE LAS IGUANAS MORADAS

por Eduardo Aparicio

¿Crees que los periódicos, la radio y la televisión pueden cambiar la manera (*way*) de pensar de la gente de un país?

Las iguanas llegaron hace poco tiempo, pero ya están en todas partes. Tienen cuerpo de hombre de color morado y cabeza de iguana con una nariz amarilla.

Cuando la gente vio estas iguanas por primera vez, tuvo
5   muchísimo miedo. La primera impresión fue malísima. Las iguanas dijeron:

—No es necesario tener miedo de nosotras. Ustedes seguramente piensan que somos feísimas. Es verdad que somos un poco feas, pero pronto van a cambiar de idea.
10 Afortunadamente, todo en la vida es sólo cuestión de tiempo.

Desde el día que llegaron, todos, hombres y mujeres, tienen que vestirse de traje morado con una corbata amarilla. Las iguanas dicen que para tener el corazón contento, en el mundo no hay mejores colores que el morado y el amarillo.

15 La parte más admirable de estas iguanas es que no hablan mal nuestro idioma. Al contrario, hablan nuestro idioma perfectamente o, quizás, lo hablan demasiado bien.

Eso no es todo. A las iguanas les gusta mucho hablar y escribir. Por eso tomaron posesión de todos los periódicos y
20 de la radio y la televisión.

—Nadie escribe mejor y nadie habla mejor que nosotras, las iguanas—dicen ellas.

Las iguanas tienen una cosa buenísima: no les gusta la gente desordenada y ellas son ordenadísimas. Hay tres iguanas
25 que son las más importantes. Y todas las mañanas, estas tres iguanas dan instrucciones nuevas por todas las estaciones de radio y televisión. Esta mañana, dijeron esto:

—Buenos días, hermanos. Presten mucha atención. Tenemos una nueva idea para hacer mejor la vida de todos. Hay un
30 problema muy serio. Algunas personas caminan muy rápido y otras, muy despacio. Por eso siempre hay muchísima confusión en las calles. Desde ahora, para caminar bien todos tienen que contar: uno, dos, tres, cuatro . . . uno, dos, tres, cuatro . . . uno, dos, tres, cuatro. . . . Las iguanas sabemos que esto es lo mejor.
35 Y para no perder tiempo y ayudarlos a todos, hermanos, en cada esquina hay una iguana que va a contar con ustedes.

Y ahora todo el mundo va por la calle: uno, dos, tres, cuatro . . . uno, dos, tres, cuatro . . .

A las iguanas les encanta la geometría. Por eso la nueva
40 bandera de nuestro país es morada con un triángulo amarillo en el centro. El color morado representa todas las iguanas y el triángulo amarillo representa tres cosas: la nariz amarilla de todas las iguanas, la geometría y las tres iguanas más importantes.
45 Todavía hay algunas personas que tienen miedo de las iguanas. Una señora dice:

—¡Qué susto tuve la primera vez que las vi! Ya yo no miro la televisión y, generalmente, prefiero quedarme siempre en

9

casa. Yo estoy demasiado vieja y no me gusta que me digan
cómo tengo que caminar.

Pero no todos están de acuerdo con esta señora. Hay
personas que están contentísimas desde el día que llegaron
las iguanas moradas y amarillas:

—¡Qué colores!—dice otra señora—. ¡Son bellísimos,
estupendos! A mí me encantan. Por eso tengo también el pelo
morado. No comprendo por qué todo el mundo no está
contento. ¿Cómo es posible eso?

Y el esposo de esa señora dice:

—Bueno, yo no sé si los colores son bellos o no, pero pienso
que es una manera muy ordenada de vestirse. Antes la vida
era muy desordenada. Ahora la vida es muchísimo mejor.

—Y todo funciona muy bien—dice un joven.

—Efectivamente, aquí todo está muy bien. Las iguanas saben
cómo poner todo en orden—explica el esposo de la señora.

—A mí me gustan los nombres nuevos—dice una
muchacha—. Mar Azul ahora se llama "Mar de las Iguanas."
Pero lo que más me gusta es que ahora no hay que ir a la
escuela porque las iguanas saben todo lo que tenemos que
hacer.

Qué maravilla, ¿verdad?

¿DE QUÉ SE TRATA?

1. En tu opinión, ¿quiénes pueden ser las iguanas moradas? Explica tu
   respuesta.
2. En este cuento, algunos creen que la vida después de que llegaron
   las iguanas moradas es mejor y otros creen que es peor. ¿Con
   quiénes estás de acuerdo? ¿Por qué?
3. ¿Cómo crees que va a ser la vida en el país de las iguanas moradas
   en el futuro? ¿Crees que la muchacha que está contenta porque no
   tiene que ir a la escuela va a cambiar de idea?

¿QUÉ QUIERE DECIR?

llegaron hace poco tiempo	arrived a little while ago	el mundo	the world
en todas partes	everywhere	lo mejor	the best thing
tuvo . . . miedo	(they) were . . . scared	el centro	center
dijeron	they said	tuve	I had
		no me gusta que me digan	I don't like to be told

10

La pensión de doña Flor

por Elizabeth Millán

¿Te gusta la idea de ir a otro país para estudiar o para vivir?

Llegué a la pensión de doña Flor aquel verano que empecé mis estudios de español. Fue la primera vez que viví fuera de mi país, lejos de mi familia, de mis amigos, y de todas las cosas familiares, y hasta entonces, agradables.

5   Tímidamente camino por una de las muchas calles viejas de Madrid hasta llegar a su puerta. Me saluda fríamente la portera, Julia, una mujer vieja y bastante antipática. Voy a escuchar la voz de Julia cada vez que entro en el edificio un poco tarde. "¿Quién es?" pregunta ella cuando voy por su
10   pequeño apartamento en el primer piso. "Soy yo, Lisa," siempre contesto con un poco de miedo. Creo que ella sabe todo lo que pasa en el edificio y en el barrio. Siempre sabe a qué hora llegamos y salimos. ¡No duerme esta mujer!

    Subo la escalera despacio porque no hay mucha luz. La
15   pensión está en el sexto piso y no hay ascensor. Por fin llego y me saluda enérgicamente doña Flor. Creo que ella es como una pajarita: pequeña, delgada, un poco nerviosa y frágil. Me muestra la casa y me fascina. Hay cuadros en todas las paredes y todos son originales. Luego me explica que su
20   hermana, Josefina, trabaja en una galería de arte y las dos son grandes aficionadas al arte.

    El cuarto que me va a alquilar es muy bonito. Hay una cama enorme y comodísima, un armario grande, un escritorio con lámpara, unas cómodas y una vista de las calles que pronto
25   voy a aprender a conocer tan bien.

Aquella mañana me presenta a otras dos personas que alquilan cuartos: Matthew, un profesor de historia de Cleveland, y Pepe, un chico simpatiquísimo y muy gracioso, de Sevilla y estudiante del baile flamenco.

30 Me presenta también a la cocinera, Maruja, una mujer de más de ochenta años pero con la energía de una quinceañera. Es la persona que más rápidamente sube y baja la escalera de toda la casa. Todas las mañanas corre a la panadería y nos compra pan fresco.

Desde que empiezo a vivir en aquella casa paso muchas horas con
35 Matthew. Es un hombre bastante diferente. Es mucho mayor que yo (tiene casi cincuenta años) y no sale mucho porque dice que la gente no lo entiende (habla español muy mal). Dice que los españoles tampoco pueden pronunciar su nombre bien (claro, es un poco difícil para ellos). No le gustan muchas cosas, no tiene amigos
40 en Madrid y casi nunca está completamente bien. A menudo tiene resfriados y va por la casa con una manta enorme. Siempre me pregunto por qué se queda aquí. Parece que nunca va a aprender el idioma y si se queda en su cuarto con sus libros tampoco va a conocer a la gente ni las costumbres del país.

45 Hay otra cosa que no le gusta mucho: la comida que sirven en casa. Creo que las comidas son excelentes, pero quizás son un poco aburridas. Casi todos los días comemos carne o arroz con pollo. Por fin un día le pregunto a Maruja si puede preparar pescado. Aquella tarde a las dos y media Maruja sirve el pescado más grande del
50 mercado. Y lo sirve con la cabeza allí en el plato y un ojo enorme, vacío y frío que mira todo (especialmente a Matthew). Cuando le sirve a Matthew, creo que el pobre va a estar enfermo en ese momento. Desde aquel día no quiere comer más pescado.

Una noche no puedo dormir y escucho una conversación que viene
55 de uno de los apartamentos de enfrente de la pensión. Escucho a un padre cuando le dice a su niño de pocos meses: "Manita, ésta es tu manita. Dedito, éste es tu dedo . . . ahora, duérmete, hijo, duérmete." El pobre hombre está muy cansado y el niño no quiere dormir. Creo que por fin sé los nombres de todas las partes del cuerpo.

60 Otras noches "escucho" conversaciones muy diferentes. En una
esquina cerca de la casa hay un café donde siempre hay unos sordo-
mudos. Cuando cierran el café ellos se quedan afuera y hablan por
señas. Me parece fascinante su conversación y ellos nunca me privan
de dormir como lo hace el señor de la guitarra que vive en el
65 apartamento de enfrente. Generalmente toca durante la tarde y esto
está bien porque es cuando tengo clases. Pero a veces decide tocar
después de la medianoche. Las paredes son muy delgadas y es casi
como tenerlo con su guitarra en mi cuarto. Pienso que un día va a
aprender a tocarla bien y me va a gustar su música.

70 Aprendí mucho aquel verano. Aprendí a hablar bien el español, a
bailar flamenco gracias a mi compañero Pepe y a no tener tanto
miedo de Julia. También aprendí a comprender a la gente de un lugar
diferente, y a estar cómoda en mi nuevo país.

¿DE QUÉ SE TRATA?

1. ¿Te gustaría tener un amigo como Matthew? ¿Por qué?
2. La narradora dice que aprendió mucho aquel verano en Madrid. En
   tu opinión, ¿cuál de las experiencias fue *(was)* la más importante?
3. Imagínate que conoces a alguien de otro país que viene a estudiar
   aquí. ¿Cómo puedes ayudar a esa persona?

¿QUÉ QUIERE DECIR?

la pensión	boardinghouse
me saluda	she greets me
la portera	person in charge of the boardinghouse
sexto	sixth
la cocinera	cook
desde que	since
la costumbre	custom
el sordomudo	deaf-mute
hablan por señas	they talk in sign language
me privan de dormir	they keep me from sleeping

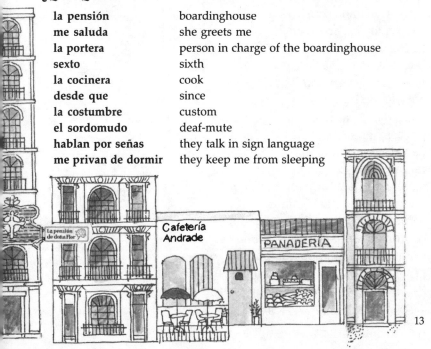

13

Sara María Dolores Sánchez Papillón

por Elizabeth Millán

Cuando estás enfermo(a), ¿cómo prefieres pasar el tiempo?

Hace más de una semana que tiene sarampión
Sara María Dolores Sánchez Papillón.
Sus amigas no la pueden ver, ni ella las puede visitar—
las unas por miedo del sarampión y ella por no contagiar.
5 ¡Pobrecita! Está aburridísima.
(Pero el médico le dice que pronto va a estar sanísima.)
Ella está tan cansada—
¡prefiere estudiar que no hacer nada!
No mira la televisión
10 y no le gusta la música.
¡Necesita una solución—
buena y rapidísima!
Decide una mañana
mirar por la ventana
15 para ver lo que pasa
fuera de su casa.
¡Es casi increíble lo que ve Sara!
Es el circo de don Enrique Sierra—
¡el más fabuloso de la Tierra!
20 ¡Qué espectáculo! ¡Qué divertido!
Trapecistas, tigres, elefantes,
acróbatas, osos y leones gigantes.
Hay dos chimpancés que saben cantar
y cinco hipopótamos que pueden tocar.
25 ¡Y vienen tres osos que les enseñan a bailar!
Hay perros, rinocerontes y de payasos hay muchos—
altos, bajos, gordos y delgaduchos.

A Sara le encanta muchísimo la atracción
y pronto se olvida del sarampión.
30 Pero un momento . . .
¿Qué es esto? ¿Y qué pasa?
El circo sube. ¿Es posible? ¡Todos suben a su casa!
Y entran todos en su dormitorio:
Los chimpancés y los hipopótamos con su repertorio,
35 los perros, los rinocerontes y los elefantes,
¡y ya vienen los leones gigantes!
Los osos suben y bailan sobre la cama
y los tigres, acróbatas y trapecistas añaden al drama.
¡Tanto ruido! ¡Tanta confusión!
40 (Sara ni ve a los payasos subir en camión.)
—¿Qué hago? ¿Qué hago?—dice la pobre.
—¿Por qué no bajan todos por la misma escalera
y me dejan tranquila?—por fin declara Sara.
Pero nadie la escucha y todos se divierten
45 y nadie sabe que por la puerta del dormitorio
entra el doctor don Félix Retiborio.
El médico mira a todos y por fin les dice:
—Nadie puede salir hasta la próxima semana.
¡Gracias al sarampión de
50 Sara María Dolores Sánchez Papillón!

¿DE QUÉ SE TRATA?

1. ¿Qué haces cuando un(a) amigo(a) o alguien de tu familia está enfermo(a)?
2. Escoge dos líneas del poema y cámbialas. No debes olvidarte de la rima (rhyme scheme).

¿QUÉ QUIERE DECIR?

el sarampión	measles	la Tierra	Earth
ni	nor	el trapecista	trapeze artist
por	for	el payaso	clown
contagiar	to spread (an illness)	delgaduchos =	muy delgados
sanísima	very, very healthy	el repertorio	repertoire
el circo	circus	me dejan tranquila	leave me alone

15

EL DUEÑO DEL SOL

por Roque Luis Di Sábato

¿Qué pasa cuando alguien tiene tantas cosas que no sabe qué
más tener?

Miguelito es un niño de diez años que no sabe qué más tener,
porque tiene de todo: toda clase de juegos, muchos libros, un
perro, un gato y una jaula grande llena de pájaros de todos
colores.

5 Pero Miguelito no está contento. Quiere tener algo que ningún
amigo tiene, algo que nadie puede tener.

Piensa y piensa . . . y un día se le ocurre que hay sólo un Sol y
que nadie tiene el Sol. Si puede comprar el Sol, piensa, él solo va
a ser el dueño y ninguna otra persona puede tenerlo.

10 Piensa y piensa por muchos días, pero no sabe cómo puede
comprar el Sol, y con el tiempo se olvida de su deseo.

Unas semanas después, cuando regresa de la escuela, ve a una
mujer vieja que tiene dificultad para cruzar la calle. Miguelito
tiene lástima de la vieja y la ayuda a cruzar la calle y es muy

15 amable con ella. La vieja le da las gracias y ella sigue su camino.

Esa noche, cuando Miguelito duerme, una gran luz lo
despierta. Ve dentro de ella a la vieja que él ayudó a cruzar la
calle. Entonces hay un relámpago y la vieja es ahora una
hermosa joven. Ella dice:

20 —Yo soy el Hada de los deseos, y porque fuiste tan amable con
una vieja, te voy a dar cualquier cosa que quieras.

Miguelito en seguida piensa en su deseo de comprar el Sol, y
saca su dinero de una caja.

—Quiero comprar el Sol—le dice al Hada, y le ofrece su dinero.

²⁵ —Bueno, si eso es lo que realmente quieres. Ven conmigo.

El Hada lleva a Miguelito al cielo, hace el Sol más pequeño y lo da al niño. Él regresa a casa con el Sol, lo pone en su caja de juguetes y se acuesta.

Pasan muchas horas. Cansado de dormir, Miguelito se
³⁰ despierta y ve que todavía es de noche. "¿Qué pasa aquí?" piensa, mira el reloj y ve que son las once de la mañana, pero no ve luz afuera. Miguelito recuerda la visita de anoche y corre a su caja de juguetes y la abre. Una luz brillante ilumina su cuarto. ¡El Sol está allí!

³⁵ Contento, se baña y se viste y va a tomar su desayuno. Pero su mamá duerme porque todavía es de noche. Miguelito sale a la calle, donde todo está oscuro y casi no hay ninguna persona. Su papá, que es ingeniero y trabaja de noche, no regresa a su casa, porque no llegan los ingenieros que trabajan de día.

⁴⁰ Sigue la noche. Los árboles y las plantas se mueren porque necesitan la luz del sol. Los niños están enfermos porque no hay sol. Los pájaros en los árboles y en su jaula no cantan. Su papá no regresa . . . su mamá no se levanta . . . sus amigos no vienen a jugar . . .

⁴⁵ Un día, en su habitación, solo, cansado y triste, Miguelito piensa en su mamá, papá y amigos, los niños enfermos, los pájaros, la luz del sol . . . y en ese momento aparece el Hada de los deseos y le dice:

—Todo esto pasa porque el Sol no sale, porque tú eres el dueño ⁵⁰ y lo tienes en tu caja.

Miguelito le responde:

—No sabía que era tan malo ser dueño del Sol.

Él saca el Sol de la caja y lo da al Hada, quien devuelve su dinero antes de llevar el Sol otra vez al cielo.

⁵⁵ Entonces todo vuelve a la normalidad: su papá regresa a casa, su mamá se levanta, sus amigos vienen a jugar, los pájaros cantan . . . y Miguelito está contento porque ahora todos están contentos otra vez, con el Sol en el cielo.

¿DE QUÉ SE TRATA?

1. En tu opinión, ¿cómo son Miguelito y su familia?
2. Piensa en los motivos de Miguelito para comprar el Sol. ¿Qué otros motivos tenemos para querer algo?
3. Imagínate que puedes tener lo que más quieres en la vida. ¿Cuáles son las consecuencias de tenerlo?

¿QUÉ QUIERE DECIR?

el dueño	owner	el juguete	toy
se le ocurre	it occurs to him	recuerda	remembers
el deseo	wish	el ingeniero	engineer
la lástima	pity	aparece	appears
sigue su camino	goes on her way	no sabía	I didn't know
el relámpago	lightning	que era	it was
el Hada	fairy	devuelve	gives back
cualquier	any		

LUISITA "LA DISTRAÍDA"

por Susan Dobinsky

Cuando escuchas la radio o miras la televisión, ¿a veces te olvidas de lo que pasa a tu alrededor *(around you)*?

Me gustaría presentarles a Luisita, una chica de catorce años que vive en una ciudad que se llama San José. Como vamos a ver, es muy aficionada a la música rock y, por eso, sus amigos la llaman "Luisita la distraída," pero les voy a explicar más de eso después. La madre de Luisita se preocupa mucho porque Luisita siempre lleva su radio para escuchar música cuando sale de casa. Piensa que algún día algo le va a pasar porque cuando Luisita escucha música, no le presta atención a nada. Cuando vemos a Luisita por primera vez ella habla con su madre. Vamos a aprender más sobre su afición casi fanática a la música y los problemas que ésta le trae.

¿Y quién soy yo? Pues, yo soy su gato Chispa. Siempre la acompaño y soy el narrador de este cuento.

Cuando Luisita "la distraída" sale de casa con su radio, escucha las palabras de la canción nueva de Las Hormigas, "Maquillaje de metal."

Después de estar tan mojada, Luisita piensa ir a tomar un licuado de chocolate en su heladería favorita, La Salchicha Fina. Pero entra sin mirar el letrero.

Unos pocos días después del episodio de la peluquería, Luisita decide buscar un lugar para montar en su tabla patín. Esta vez escucha una canción del grupo Los Viajeros Flacos.

Todos los días Luisita toma el autobús A para ir a la escuela, pero un día, porque escucha una de sus canciones preferidas, está distraída y toma el autobús B.

Pero un día Luisita sale de su "mundo de música" y vuelve a nuestro mundo. Pasa así.

Ahora Luisita escucha la música de la calle y no la música rock.

¿DE QUÉ SE TRATA?

1. ¿Qué aprendió Luisita?
2. ¿Qué clase de música te gusta más? ¿Cuándo y dónde te gusta escucharla?
3. Imagínate que tú formas un grupo musical y que tienes que escoger el nombre. Piensa en un nombre para un grupo de rock, otro para un grupo de jazz y otro para un grupo de música folklórica.

¿QUÉ QUIERE DECIR?

distraída	absent-minded	**la tabla patín**	skateboard
se preocupa	worries	**el cantante**	singer
la afición	liking	**el mundo**	world
el amor	love	**así**	(in) this way
el licuado	milkshake	**el sonido**	sound

El maíz
de la roca

por Elizabeth de la Ossa

¿Cómo te sientes *(do you feel)* cuando tienes que compartir
(share) tus cosas con otra(s) persona(s)?

Cuentan los abuelos que una vez, hace muchos años, los animales
no encontraron nada para comer. Buscaron y buscaron, pero no
encontraron nada. Un buen día pasó por allí la zorra y todos la
vieron muy gorda y contenta. Le preguntaron:

5 —Dinos la verdad, zorra. ¿Por qué tienes el estómago tan
lleno y estás tan contenta? ¿Qué comiste?
Pero ella no les contestó.
Los animales hablaron en privado y decidieron observarla.
—¿Adónde va?—preguntaron.

10 Caminaron detrás de ella y la vieron cuando entró en el hueco
de una roca.
—¡Allí vive, allí tiene su comida!—exclamaron.
Le preguntaron a la pulga:
—¿Puedes ir a ver qué come la zorra?

15 —Claro que sí—contestó.
Después de dar un largo paseo, la zorra pasó cerca de los
animales y la pulga subió a una de sus orejas. Pero cuando llegó
a la oreja, empezó a tener sueño y luego se durmió.
Al día siguiente, cuando la zorra pasó otra vez cerca de los

20 animales, la pulga bajó de ella.
—¿Qué viste en la casa de la zorra?—le preguntaron los otros
animales. Pero todo lo que contestó fue:
—Me olvidé de mirar.
—¿Por qué no vas tú, garrapata?—le preguntaron los

25 animales—. Quizás tú eres más inteligente.

Entonces, la próxima vez que la zorra pasó muy cerca, la garrapata subió a su oreja. Pero la garrapata, un insecto perezoso, también se durmió. Cuando ella regresó, los animales le preguntaron:

30 —¿Qué viste en la casa de la zorra?

—Me olvidé de mirar—contestó.

Entonces hablaron con la luciérnaga.

—Ve con tu linterna y explora la casa de la zorra.

Cuando la luciérnaga entró, vio con su luz mucho maíz.

35 —¡Me encontraron, me encontraron!—exclamó la zorra.

La luciérnaga regresó y les contó a los animales:

—¡Hay mucho maíz en la roca! ¡Vamos rápido a sacarlo!

—Pero, ¿cómo podemos sacarlo?—preguntaron—. Y uno contestó:

40 —Vamos a llamar al relámpago. Él nos puede ayudar.

Llamaron al abuelo relámpago y éste mandó a tres muchachos relámpagos de las nubes. Los animales se quejaron de que la zorra llevó todo el maíz y les preguntaron:

—¿Pueden ayudarnos, por favor?

45 Los relámpagos contestaron:

—Claro que los vamos a ayudar.

El primero mandó su fuego contra la roca, pero no la rompió. El segundo trató pero tampoco lo hizo. El tercero explicó:

—Yo soy el más fuerte. Con permiso.

50 Pero cuando terminó, los animales vieron que no le pasó nada a la roca.

Entonces llamaron al abuelo relámpago. Cuando le explicaron el problema, les contestó:

—¿Cómo creen que un viejo como yo los puede ayudar? ¿Cómo
55 voy a romper la roca, si me duele todo y estoy débil? Si esos muchachos fuertes no lo hicieron, ¿qué puede hacer un pobre viejo como yo? Pero pobre y viejo, voy a tratar de hacerlo.

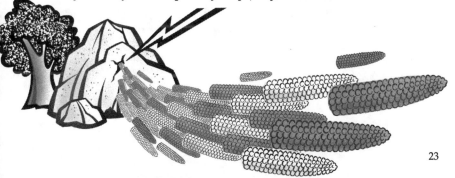

23

Y entonces llamó al pájaro carpintero.

—Ven aquí, hijo. Ve a la roca y empieza a darle golpecitos. El
60 ruido te va a decir dónde está la parte más delgada de la roca.
Allí es donde está el maíz. Dime cuándo puedo mandar mi fuego
y espera un momento. No debes tener miedo. Vas a volar un poco
más lejos y no te va a pasar nada.

El pájaro carpintero hizo lo que le explicó el abuelo relámpago.
65 Cuando encontró la parte más delgada, el viejo relámpago mandó
su fuego contra la roca con toda su furia y ¡la rompió! ¡Salió maíz
como de una fuente de agua!

—¡Buen provecho!—exclamó el abuelo relámpago antes de irse.

Antes, los animales sólo conocían maíz blanco. Pero el
70 relámpago quemó una parte del maíz y ahora está rojo. El humo
cambió otra parte a un color amarillo. De allí viene el maíz rojo
y el maíz amarillo.

Pero el pájaro carpintero—a él le pasó algo. Cuando llegó el
fuego del abuelo relámpago, el pájaro se olvidó de volar un poco
75 más lejos y chocó con él. ¡Qué susto le dio! Afortunadamente, en
el accidente sólo quemó un poquito de la cabeza. Por eso, ahora
el pájaro carpintero siempre tiene un poquito de color rojo en la
cabeza.

¿DE QUÉ SE TRATA?

1. Imagínate que eres la zorra. ¿Qué haces con el maíz?
2. ¿Crees que hay situaciones en que tenemos el derecho *(right)* a
   quitarle *(to take away)* algo a alguien? Explica tu respuesta.

¿QUÉ QUIERE DECIR?

la roca = la piedra		la garrapata	tick
pasó por	walked by, passed by	la luciérnaga	firefly
		el relámpago	lightning
la zorra	fox	el pájaro carpintero	woodpecker
el hueco	hole	dar golpecitos	to tap
la pulga	flea	volar	to fly
se durmió	fell asleep	el humo	smoke

ISABEL y el nuevo alumno

(P R I M E R A   P A R T E)

por Pakvadi S. Nicodemus

¿Cómo reaccionas *(react)* tú cuando te presentan a alguien
que parece ser diferente de otras personas?

Lo vi por primera vez en la clase de inglés.

Le digo a mi mejor amiga:
—Oye, Marta.
Ella está ocupada. Quiere terminar la tarea antes de que
5 llegue la profesora. Dice sin mirarme:
—¿Mmm? ¿Qué pasa?
—Mira allí a ese chico moreno en la primera fila.
Marta levanta la cabeza y mira hacia la primera fila. Dice
impacientemente:
10 —¿Cuál de ellos? Hay tres chicos morenos allí.
—El que está al lado de la puerta—respondo, también
impacientemente. Es tan obvio, no entiendo por qué Marta no
lo ve inmediatamente.
Ella dice sin bajar la voz:
15 —Ah, ¿el minusválido?

—¡Chist! ¡No hables tan fuerte!

—Y bueno, ¿qué quieres saber de él?

—Bueno, ¿quién es?

—Se llama Emilio. Hace tres semanas que está en esta ciudad.

20 —¿Y cómo sabes tanto, Marta?

—Es muy sencillo, Isabel. Es mi vecino.

—¿Entonces Uds. se conocen?

—Pues, no muy bien. Es un chico bastante tímido. No es fácil conocerlo.

25 —Marta, preséntamelo. Parece una persona interesante.

Marta me mira—no quiere hacerlo—pero yo insisto.

—Bueno, después de la clase, entonces. Aquí viene la Sra. Díaz.

Durante la clase no puedo concentrarme. Él me atrae mucho,
30 no sé por qué. No habla mucho, pero parece saber lo que dice cuando contesta las preguntas de la Sra. Díaz, y tiene un acento bastante bueno en inglés.

Después de la clase Marta y yo vamos rápidamente a la puerta, para poder hablar con Emilio.

35 —Hola, Emilio—dice Marta—. ¿Qué tal? ¿Cómo te va en tu primer día de clases?

Emilio da una pequeña sonrisa y contesta:

—Hola, Marta. Me va bien, gracias.

—Oye, te quiero presentar a una amiga mía, Isabel. Isabel,
40 Emilio.

—Hola—le digo, de repente un poco tímida—. Sabes hablar muy bien el inglés.

—Es que me gustan los idiomas. Tú tampoco hablas mal.

—Bueno . . . puedo hablar un poco pero escribo muy
45 mal. Siempre me duele la cabeza cuando tengo que crear composiciones originales.

Emilio ríe. Tiene una risa y unos dientes muy agradables. Dice:

—¡Eso me pasa a mí cuando tengo que hacer las tareas de matemáticas!

50 Pienso rápidamente y le digo:

—Bueno, si quieres . . . nos podemos ayudar. Tú me ayudas con las composiciones de inglés, y yo te ayudo con las matemáticas.

—Sí, Isabel está fuerte en matemáticas—añade Marta—.
55 Oye, Isabel, vámonos. Tenemos la clase de educación física ahora.

26

—Hasta luego, Emilio—le digo.

—Hasta pronto—contesta.

Veo a Emilio todos los días. Empezamos a almorzar juntos mientras hacemos nuestras tareas. Un día, por fin, decido

60 invitarlo a mi casa para cenar con mi familia. Cuando le cuento mi plan a Marta, ella dice:

—¿Piensas que es una buena idea?

—¿Y por qué no?—pregunto, un poco defensiva.

—Porque . . . tú sabes que los chicos te miran mucho cuando

65 estás con Emilio . . . y tus padres . . . cómo puedo decirlo . . . ellos son ricos y perfectos, y Emilio no es rico y tampoco es perfecto . . .—Marta, por una vez en su vida, no sabe qué decir.

—¡Marta! ¿Realmente piensas eso?

—Pues . . . no sé . . . tú los conoces mejor que yo . . .

70 —Ellos van a estar muy contentos de conocerlo—digo con firmeza. Pero en realidad no estoy tan segura. Es verdad que los chicos nos miran a veces, pero a ninguno de los dos nos importa. Pero no les he dicho a mis padres que él es minusválido. Ellos saben que hace poco que lo conozco, que

75 me ayuda con las tareas de inglés, y que somos amigos. Pero nada más. Quizás tengo miedo de decirles más.

—Pues, buena suerte—dice Marta—. A mí no me gustaría estar en tu casa mañana para la cena.

—¡Qué pesimista eres, Marta! ¡No va a pasar nada!

80 Ojalá que yo tenga razón . . .

¿DE QUÉ SE TRATA?

1. ¿De qué tienen miedo Isabel y Marta?
2. ¿Cómo escoges tú a tus amigos?

¿QUÉ QUIERE DECIR?

antes de que llegue la profesora	before the teacher arrives	él me atrae mucho	I find him very attractive
la fila	row		
hacia	toward	de repente	suddenly
el minusválido	disabled	mientras	while
tanto	so much	no les he dicho	I haven't told them
sencillo	simple		
el vecino	neighbor		
preséntamelo	introduce him to me		

ISABEL y el nuevo alumno

(S E G U N D A   P A R T E)

por Pakvadi S. Nicodemus

¿Por qué no es siempre fácil decir la verdad a los padres?

Emilio, el chico minusválido que conocí en la clase de inglés, acepta mi invitación a cenar en casa con mi familia. Estoy nerviosísima, porque no sé qué van a pensar mis padres de él. Esa noche, trato de ayudarle a mi mamá a preparar la cena,
5 pero me sale todo mal, y por fin ella pierde la paciencia.
   —¡Isabel! ¿Qué te pasa? No puedes hacer nada bien hoy. ¿Por qué estás tan nerviosa?
   —No lo sé . . .
   Pienso: "¿Es mejor decirles ahora que Emilio es
10 minusválido, o es mejor no decirles nada?" Y decido—no, ellos lo pueden aceptar como es, lo deben aceptar, y ¡si no . . . ! No sé qué va a pasar.
   Emilio es muy puntual y llega a las ocho y media en punto. Le abro la puerta y él entra en la casa. Miro a mis padres, y
15 noto que tienen una expresión rara en la cara. Pero en seguida ellos sonríen cuando lo presento a ellos.
   —Bienvenido, Emilio—dice mi madre. Le da la mano.
   —Gracias, señora.
   ¡Qué alivio! No va a pasar nada, o por lo menos, parece que
20 mis padres aceptan a Emilio. Y todo va bien. Emilio habla un poco tímidamente al principio, pero mis padres son amables y después de unos minutos, Emilio parece estar más cómodo con ellos.
   Emilio se va a las once. Yo empiezo a poner los platos en el
25 lavaplatos y mi mamá limpia la cocina.
   —Bueno, Mamá—le digo—, ¿qué piensas de Emilio? Es muy simpático, ¿verdad?
   —Sí, y muy inteligente—contesta—. Isabel, voy a decirte

algo que tal vez no te va a gustar.

30 Ay, lo sabía. Estoy nerviosa otra vez.

—¿Qué, Mamá?

—Como te dije, Emilio nos cae muy bien. Pero es minusválido. No puede caminar.

—Lo sé, Mamá. Pero eso no importa. Es una persona muy
35 buena y me gusta estar con él.

—Sí, estoy de acuerdo. Pero aun en nuestra sociedad moderna hay personas que . . . bueno, que te van a mirar cuando sales con él. Y sólo te quiero decir que tienes que estar preparada para eso. ¿No los miran a Uds. en el colegio, por
40 ejemplo?

—No . . . pues, a veces.

—Y en el colegio Uds. están entre amigos. Pero es otra cosa cuando Uds. están fuera del colegio. Y . . . sólo te quiero decir que tengas paciencia cuando la gente no entiende y es cruel.
45 Doy un suspiro.

—Sí, Mamá. Sé que tienes razón.

Ella me da un abrazo. Sonríe y dice:

—La mayoría de las veces, ¡sí!

¿DE QUÉ SE TRATA?

1. ¿Crees que Isabel debió explicar a sus padres que Emilio es minusválido?
2. ¿A veces responden tus padres a los problemas mejor de lo que tú esperas? ¿Puedes dar un ejemplo?
3. ¿Qué actitud tiene la sociedad moderna hacia (toward) los minusválidos?

¿QUÉ QUIERE DECIR?

en punto	on the dot	**nos cae**	we like him
rara	strange	**muy bien**	very much
le da la mano	she shakes hands with him	**aun**	even
		doy un	I give a
por lo menos	at least	**suspiro**	sigh
al principio	at first	**el abrazo**	hug
lo sabía	I knew it		
dije	(I) told		

El extraño caso del
MOSQUITO

por Eduardo Robles Boza (Tío Patota)

¿Te gustaría tener a alguien o algo que te ayudara *(would help)*
en los exámenes?

Acto I

*(Eduardo está en su dormitorio, con la música de la radio
encendida. Lleva un libro en la mano mientras da vueltas por
la habitación. Abre, repasa y cierra el libro continuamente.
Está nervioso. Es de noche.)*

5   **EDUARDO**   Mañana tengo el examen y no sé nada.

*(Apaga la radio y da vueltas otra vez; trata de leer y memorizar.
Entonces oye un mosquito que vuela por allí y le molesta. Deja el
libro en la cama, recoge un periódico y va a la pared, donde está el
mosquito. Pero empieza a hablar el mosquito.)*

10   **MOSQUITO** ¡No, no me mates, por favor!
       EDUARDO   ¿Tú hablas?
       MOSQUITO Sí, y dos idiomas. Soy bilingüe.
       EDUARDO   ¡Caramba! No lo puedo creer . . . Pues, tengo
                     que matarte. Debo estudiar y me molesta tu
15   ruido. *(Levanta el periódico.)*
       MOSQUITO ¡Espera, espera! Puedo ayudarte.
       EDUARDO   ¿Ayudarme tú? ¿A qué?
       MOSQUITO A estudiar. Tengo memoria y sé leer también.
       EDUARDO   ¡Caramba! Creo, mosquito, que sí me interesas.

20 *(Eduardo coloca el mosquito, con cuidado, en la palma de su
mano. Lo lleva y lo deja sobre el libro abierto que está en la cama.
Eduardo se sienta allí también.)*

       EDUARDO   Quiero ver si es verdad lo que dices: lee lo
                     que hay en esa página.

25	**MOSQUITO**	Espera, espera . . . Aquí dice que Cristóbal Colón fue un navegante español que descubrió América y nació en 1451 y murió en 1506. Y . . .
30	**EDUARDO**	¡Está bien, está bien, eres un mosquito muy preparado!
	MOSQUITO	¿Eso quiere decir que no me vas a matar?
	EDUARDO	¡Espera, espera! ¿Y cómo vas a ayudarme durante el examen?
35	**MOSQUITO**	Muy fácil. Yo estudio esta noche mientras tú duermes y descansas, y mañana me escondo en tu oreja, así . . . y por el oído te explico las cosas, ¿comprendes? *(Se coloca en la oreja de Eduardo, quien ríe.)*
	EDUARDO	¡Sal de allí, me haces cosquillas!
40	**MOSQUITO**	*(Sale de su oreja.)* ¿Cuándo empiezo?
	EDUARDO	*(Recoge el libro que está en la cama, lo pone sobre el escritorio, lo abre en una página que busca.)* Ahora mismo. Tienes que estudiar desde esta página y hasta terminar el libro . . . y yo me voy a dormir. ¡Hasta mañana, compañero!
45		

Acto II

(Eduardo duerme en la cama. Ya es de día. La luz del escritorio todavía está encendida. Entra, de prisa, un muchacho.)

50	**ALFONSO**	¡Despierta, Eduardo! ¡Ya es muy tarde y hoy tenemos el examen! ¿Estudiaste?
	EDUARDO	¿Cómo dices? ¡Sí, sí, claro que estudié!

(Eduardo se levanta, recoge su ropa y corre al baño que está dentro del dormitorio. Alfonso da vueltas por la habitación.)

ALFONSO	¡Date prisa, Eduardo! Veo que estudiaste mucho, porque dejaste la luz del escritorio encendida y el libro abierto.
EDUARDO	*(Grita desde el cuarto de baño.)* ¡Sí, sé todo el libro!

(Alfonso apaga la luz del escritorio, recoge el libro que está en el escritorio y lo cierra. En ese momento Eduardo sale del cuarto de baño y ve lo que hace Alfonso. Se pone las manos en la cara y le grita.)

EDUARDO	¡Qué horror! ¿Qué has hecho, Alfonso?
ALFONSO	¿Por qué gritas? Sólo tomé tu libro para que no te olvides de llevarlo a la escuela.
EDUARDO	*(Corre adonde está Alfonso y recoge el libro, busca nerviosamente en las páginas y ve que el mosquito se aplastó.)* Creo que no voy a poder tomar el examen . . . ¡Ya olvidé todo!

(line numbers 55, 60, 65 in left margin)

¿DE QUÉ SE TRATA?

1. Imagínate que el mosquito no se murió. ¿Crees que su plan puede tener éxito o que, inevitablemente, va a ser un fracaso? ¿Por qué?
2. Algunas personas prefieren estudiar con el radio encendido y otras no. ¿Qué manera *(way)* de estudiar crees tú que es mejor?
3. ¿Qué crees que el autor quiere decir con este cuento?

¿QUÉ QUIERE DECIR?

el extraño caso	the strange case	**así**	like this
mientras	while	**me haces**	you're
vuela	flies	**cosquillas**	tickling me
no me mates	don't kill me	**grita**	he shouts
tengo que matarte	I have to kill you	**qué has hecho**	what have you done
nació	was born	**para que**	so that
me escondo	I (will) hide	**se aplastó**	was squashed

"El encuentro"

por Roberto García

¿Tienes un(a) hermano(a) con quien a veces no te llevas bien
(*you don't get along*)? ¿Por qué a veces no se llevan bien los
hermanos?

Mi nombre no importa. Para ustedes soy sólo un hombre que
conoce la historia de dos hermanos que son grandes rivales. Los
dos son músicos. Miguel es compositor y toca la flauta, y su
hermano Alejandro es un pianista famoso que vive ahora en
5 Italia. Los dos nacieron en Montevideo, el mismo día, a la misma
hora. Como ven, son gemelos.

Su padre, italiano, y su madre, uruguaya, fueron unos
bailarines famosos en toda la América del Sur y la América del
Norte. Un día, decidieron irse a Europa para encontrar otra vida
10 y otra clase de público. Se fueron a Italia, donde, como en el
resto de Europa, el público los recibió muy bien.

Los gemelos mostraron un gran talento musical desde niños.
La flauta fue siempre el instrumento favorito de Miguel. Para
Alejandro, el piano fue el instrumento en que mostró un talento
15 excepcional.

A los ocho años, en 1968, los hermanos dieron su primer
recital en un pequeño teatro de Madrid. ¡El público los aplaudió
por quince minutos! Fue un éxito total. Después volvieron a
Italia, donde continuaron sus estudios de música hasta los
20 dieciocho años en la Academia della Musica.

Diez años después de su primer recital, llegó el día del
segundo. Esa noche, Alejandro llegó primero al teatro. Fue a
vestirse y practicar por una hora antes del recital. Unos minutos
después, llegó Miguel. Entró tan rápido y tan nervioso que no
25 vio una caja en el suelo y se cayó. El pobre Miguel se fracturó el
brazo izquierdo. ¡Qué mala suerte! Uds. ya pueden imaginarse lo
que pasó aquella noche. Claro que Miguel no tocó, y todo el éxito
fue para Alejandro. A la mañana siguiente, el nombre

de Alejandro salió en todos los periódicos de Europa,
llamándolo "¡El poeta del piano!," "¡El monstruo de las
teclas!" Imagínense ustedes cómo se sintió Miguel.
Dos días más tarde se fue a América, prometiendo no
ver más a su hermano.

Fue aquí en Nueva York, creo que en 1980, donde
yo conocí a Miguel por primera vez. Una noche fui
a escuchar a Francisco da Costa, un músico portugués
muy popular. Pero esa noche no escuché a Francisco.
En su lugar tocó un hombre muy serio, con pelo largo
hasta los hombros, y de ojos negros y misteriosos. Tocó
una melodía muy extraña, pero cautivadora. Cuando
terminó, yo fui a preguntarle sobre su música.

—Esta música es nueva para el público
norteamericano—me dijo Miguel—. Yo derivo la
melodía de los sonidos del mar. El mar para mí es
fascinante. Yo viví cerca del Mediterráneo por muchos
años y cuando duermo todavía escucho sus sonidos.
Son como voces que necesitan vivir. Yo les doy vida
con mi flauta.

Y así empezamos a ser amigos. Un día, me invitó a
su casa, una habitación blanca e inmensa con vista al
mar. Cinco años más tarde, en esa misma habitación,
Miguel me mostró un telegrama: "Miguel, llego a
Nueva York el mes próximo. Alejandro."

—¿Qué hago?—me preguntó Miguel—. Quiero
verlo. Es mi hermano. Pero es difícil, después de
tantos años sin vernos ni hablarnos. No sé qué hacer,
no sé . . .

Alejandro llegó a Nueva York una tarde gris de
octubre. Del aeropuerto fue al Carnegie Hall para
hablar con su agente, y de allí fue a casa de Miguel.

Qué pasó aquella noche en casa de Miguel, no lo sé.
Después de aquel encuentro, Miguel desapareció
misteriosamente. Anoche encontré esta escena de una
obra de teatro que traté de escribir, sin éxito, sobre los
hermanos. Fue, y es, mi propia interpretación de lo
que pasó aquella noche entre los dos.

"El encuentro"

Escena V

(Es por la noche, entre las siete y media y las ocho. Miguel espera junto a la terraza. La habitación está casi oscura. Entra Alejandro. Los hermanos se miran, pero no dicen nada. Entonces, Alejandro comienza a hablar.)

ALEJANDRO   Hola, Miguel. Estoy con mucho retraso porque la lluvia hizo difícil el viaje en taxi hasta aquí.

MIGUEL   Sí, comprendo.

ALEJANDRO   Leí un artículo sobre ti y tu música en el periódico en Italia. Estoy muy contento con tu éxito aquí en Nueva York.

MIGUEL   Gracias, Alejandro. Pero mi éxito local no puede compararse a tu éxito internacional.

ALEJANDRO   Bueno, pero somos diferentes. Yo soy un músico clásico y tú eres un músico futurista. Son dos mundos diferentes.

MIGUEL   Sí. Eso explica muy bien nuestras vidas: tú vives en el pasado—Europa, el Viejo Mundo, la música clásica. Yo vivo en el presente—América, el Nuevo Mundo, la música del futuro. No nos conocemos. Lo siento, pero no hay nada más que decir. Adiós.

ALEJANDRO   Sí . . . ¡Qué lástima! Dos extraños unidos por un apellido. Adiós, Miguel.

(Telón.)

¿DE QUÉ SE TRATA?

1. ¿Qué crees que le pasó a Miguel? En lugar de "El encuentro," ¿qué otro título puedes darle a este cuento? ¿Por qué?
2. Imagínate que eres el autor/la autora de este cuento. Inventa un desenlace *(ending)* diferente para el cuento.

¿QUÉ QUIERE DECIR?

el encuentro	meeting	**desapareció**	disappeared
nacieron	were born	**el mundo**	world
el gemelo	twin	**el extraño**	stranger
extraña	strange	**unidos**	united
cautivadora	captivating		

13

EL GATO NEGRO

por Judy Veramendi

Después de leer el título de este cuento, ¿qué clase de cuento
crees que va a ser?

El país vasco es muy antiguo. Allí existen todavía muchas
tradiciones, leyendas y supersticiones, porque pasan de generación
en generación, de los abuelos a los padres, y de los padres a los
niños. Yo no creo en muchas de esas supersticiones pero . . . ¡tengo
5 que contarte lo que me pasó!

Mi pueblo Iturmendi está en un valle, entre montañas altas y
verdes, con bosques de árboles muy grandes y altos. Es un pueblo
muy bonito.
Mi novia, Maite, vive en Urdiain, un pueblo cercano que también
10 queda en las montañas. Hoy voy a visitarla porque en su pueblo
están celebrando una fiesta especial en que se reúnen las personas
de todo el valle para bailar, comer y divertirse. (¡Y también para
contar chismes!)
A las once de la mañana me despido de mi familia. Mi tío, que sabe
15 muchas leyendas, me dice que no debo volver muy tarde en la noche.
Según él, en estas noches del año cuando la luna está llena, las brujas
se reúnen alrededor de un árbol viejo en el bosque cerca del pueblo.
A veces están delante de una cueva cerca de aquí, bailando, riéndose
y haciendo brujerías alrededor de un fuego. . . . Otras personas dicen
20 que en estas noches las brujas se transforman en animales. Pero yo
no creo en estas supersticiones, y no escucho a mi tío. Le sonrío y
me voy.
Llego a Urdiain al mediodía, y en seguida encuentro a Maite.
Estamos tan contentos de vernos y de estar juntos, que el día pasa
25 muy rápido. . . . Después del baile, nos reunimos en un café con unos
amigos para tomar un refresco y hablar un momento. Es tan tarde—
casi la una—que voy a tener que volver a mi pueblo caminando por

el bosque si quiero llegar más rápido. Mis amigos me toman el pelo;
me dicen que esta noche no debo caminar solo en el bosque . . . que
ésta es una noche de ésas en que las brujas se reúnen, y pueden pasar
cosas que son difíciles de explicar. Yo no les tomo en serio y me río
con ellos.

En una mesa que está al lado de la nuestra, veo a una viejecita,
Felisa, escuchándonos con mucha atención. Como siempre, ella está
sola. Los niños tienen miedo de ella por su mirada penetrante y fría,
y su sonrisa torcida. Ella también me mira. Después se levanta y
desaparece en la oscuridad. Me siento un poco incómodo pero
decido olvidarla.

Después de despedirme de Maite, empiezo a caminar a Iturmendi,
con la luna llena iluminando mi camino. Estoy muy contento,
pensando en Maite y en cuánto disfrutamos del día.

La luz de la luna llena y las sombras de los árboles forman figuras
que cambian y desaparecen. Parecen estar vivas. Pienso en los chistes
de mis amigos y sonrío. ¡Las brujas no existen!

45 En este momento oigo un ruido diferente . . . parece que otra
persona está caminando detrás de mí. Miro atrás y veo algo que
me asusta: un gato grande y negro me está mirando intensamente.
Parece . . . creo . . . que me sonríe con una sonrisa torcida. Puedo
ver su mirada penetrante y fría . . . ¿Es mi imaginación? ¿Es real?
50 Lleno de miedo, rápidamente recojo una rama grande y la tiro al
gato. Oigo algo parecido a un grito, y el animal desaparece en las
sombras, cojeando . . .

El resto del camino corro como un loco; sólo quiero llegar a casa.

A la mañana siguiente ni recuerdo el incidente. Voy de compras al
55 mercado. Otra vez veo a la viejecita Felisa, allí en el mercado, donde
ella tiene un puesto de verduras. Noto con un poco de miedo su
mirada fría y penetrante, su sonrisa torcida.

Me mira un momento y entonces desaparece detrás de una puerta.
Ella está cojeando . . .

¿DE QUÉ SE TRATA?

1. ¿Crees que la viejecita es también un gato negro? ¿O cojea por pura coincidencia?
2. ¿Te gustan los cuentos de brujas? ¿Por qué sí o por qué no?
3. ¿Por qué crees que el gato negro es tan común (common) en los cuentos de brujas?

¿QUÉ QUIERE DECIR?

vasco	Basque
antiguo	old
el bosque	forest
la bruja	witch
la cueva	cave
la mirada	look
su sonrisa torcida	her twisted smile
desaparece	disappears
la sombra	shadow
la rama	branch
cojeando	limping

14

EL
Iztaccíhuatl Y EL Popocatépetl

por Luz Nuncio Schick

¿Crees que el "amor a primera vista" es posible o que es una
fantasía?

Hace mucho tiempo, en la gran ciudad de Teotihuacán,
había un rey tolteca que tenía una hija muy hermosa. El
pelo de la princesa era tan negro y suave como una noche de
verano, sus ojos eran grandes y oscuros como las aguas de un
5   lago secreto, y su sonrisa era tan bonita que decían que el sol
miraba por las montañas todas las mañanas para ser el primero
en verla.

Muchos príncipes ricos y famosos venían de todas partes de
la región tolteca para ganar el amor de la princesa, pero ella no
10   se enamoraba de ninguno. El rey, que quería para su hija un
esposo rico de buena posición en la sociedad tolteca, ya estaba
impaciente. A veces le preguntaba a la princesa qué esperaba.

—No sé—contestaba la muchacha—. Sólo sé que mi esposo
será alguien que amaré desde el principio y para siempre.

15   Un día llegó a la ciudad un príncipe chichimeca. Los
chichimecas no tenían una civilización tan espléndida como
la de los toltecas. Vivían de la caza y la pesca en las montañas.
Los toltecas pensaban que los chichimecas vivían como perros,
y se reían de ellos.

20   El príncipe chichimeca venía para visitar el gran mercado de
Teotihuacán, donde vendían hermosísimos objetos de oro, ropa
de brillantes colores, animales exóticos, y muchas otras cosas.

Ese mismo día, la princesa tolteca estaba en el mercado,
comprando canastas, telas y alfombras para su palacio. Pasó
25   que, de repente, entre toda la gente y el ruido del mercado, el
príncipe y la princesa se fijaron uno en el otro. Sin una palabra,
desde el principio y para siempre, el príncipe y la princesa se
enamoraron.

Los dos sabían muy bien que su amor era prohibido. Cada
uno debía casarse con alguien de su pueblo y su clase—la
princesa tolteca con un príncipe tolteca, y el príncipe chichimeca
con una princesa chichimeca.

Las señoras que acompañaban a la princesa se dieron cuenta
de lo que pasaba, y rápidamente llevaron a la princesa a su
palacio. El príncipe también regresó al suyo en las montañas.
Trató de olvidar a la bella princesa, pero no pudo.

Después de un tiempo, el príncipe decidió volver a
Teotihuacán, a pedir la mano de la princesa. Un día se vistió de
su ropa más fina y fue al palacio del rey tolteca. Allí mandó a
sus mensajeros a hablar con el rey para pedirle a su hija como
esposa.

Cuando oyó las palabras de los mensajeros del príncipe, el
rey tembló de furia y gritó—: ¡Mi hija sólo se casará con un
príncipe tolteca, nunca con un chichimeca que vive en las
montañas como un animal!

Cuando la princesa oyó todo esto, se sintió muy triste. Le
tenía mucho respeto a su papá, pero sabía que no podía vivir
sin el amor del príncipe chichimeca. Salió de su palacio y se
reunió con el príncipe para decirle que sí quería casarse con él.
Se fueron a las montañas, y esa noche se casaron.

Al día siguiente, la princesa regresó a Teotihuacán y le dijo a
su padre que ya era la esposa del príncipe chichimeca. Le pidió
perdón, y esperó la comprensión de su padre.

Pero el rey estaba furioso.—¿Cómo pudiste hacerme esto?—
le preguntó a su hija—. ¡Vete de aquí y no vuelvas nunca! ¡Y
no le pidas ni comida ni casa a ningún tolteca, que no te dará
nada! ¡Lo prohibo!

Lo mismo le pasó al príncipe cuando volvió a su palacio. Su
padre le gritó—: ¿Te casaste con una tolteca? ¡Ya no eres mi
hijo, ni eres chichimeca! ¡No esperes nunca la ayuda de
ningún chichimeca!

Con el corazón muy triste, el príncipe y la princesa se
reunieron y empezaron a buscar dónde vivir en las montañas.
Nadie los quería ayudar o darles un lugar para descansar y
refugiarse de los vientos fríos. Comían sólo hierbas y frutas,
porque el príncipe no tenía nada con que cazar o pescar. Poco
a poco, los esposos se estaban muriendo.

Una noche muy fría y larga, el príncipe se dio cuenta de que pronto se iban a morir los dos. Estaban en un valle pequeño desde donde podían ver la gran ciudad de Teotihuacán. La princesa pensaba en su casa, y el príncipe la miraba con tristeza y amor, sabiendo lo que pensaba.

—Mi bella princesa—le dijo—, ya nos vamos a morir. Nos vamos a separar ahora en este mundo para estar juntos para siempre en el otro. Duerme por última vez en mis brazos esta noche. En la mañana, tú te irás a la montaña más baja que mira sobre tu ciudad, y yo me iré a la montaña más alta que también mira sobre tu ciudad. Allí descansaremos, allí te cuidaré para siempre, y nuestros espíritus serán un solo espíritu.

Al día siguiente los dos se separaron, y cada uno empezó a subir su montaña. La princesa subió la montaña Iztaccíhuatl, y el príncipe subió la montaña Popocatépetl. Cuando la princesa llegó a la cumbre de su montaña, se durmió, y la nieve la cubrió. El príncipe se puso de rodillas, mirando hacia la princesa, y la nieve también lo cubrió.

De esta manera podemos ver hoy al príncipe y a la princesa, en la cumbre del Iztaccíhuatl y el Popocatépetl. A veces hay grandes ruidos desde muy dentro del Popocatépetl. Es el príncipe, llorando por su princesa.

¿DE QUÉ SE TRATA?

1. ¿En qué se parece esta leyenda a Romeo y Julieta? ¿Conoces algún cuento moderno parecido a la historia del Iztaccíhuatl y el Popocatépetl?
2. ¿Crees que los enamorados de este cuento tienen otra opción? ¿Cuál?
3. ¿Muestra este cuento una visión optimista o pesimista del amor? Explica tu respuesta.

¿QUÉ QUIERE DECIR?

no se enamoraba de	didn't fall in love with	se iban a morir	they were going to die
amaré	I will love	la cumbre	top
la caza	hunting	cubrió	covered
no pudo	he couldn't	se puso de rodillas	knelt down
pudiste	could you	hacia	toward

15

DOS CUENTOS AFROCUBANOS

por Eduardo Aparicio

¿Conoces algún poema o cuento en que la música es un elemento importante?

JICOTEA

Jicotea (o Hicotea) es el nombre que le dieron los negros esclavos a la tortuga en Cuba. Y gracias a ellos nos llegaron muchos cuentos africanos sobre este famoso personaje. Jicotea dice que su verdadero nombre es Jicotea y que llamarle tortuga es un insulto y un error,
5 porque ella vive en el río, mientras que la tortuga vive en el mar.

Jicotea sabe mucho y habla lucumí, el idioma de los orichas, o dioses africanos. Jicotea es amiga de Changó, un oricha. Changó es dios del trueno, del fuego y de los tambores. Changó es el más fuerte de los orichas, después de Obatalá, el más fuerte de todos. Cuando
10 oímos un trueno, ése es Changó tocando su tambor. Y cuando Changó toca su tambor es cuando nace Jicotea, porque el trueno de Changó abre los huevos de Jicotea. Por eso Jicotea es tan amiga de Changó y le canta en lucumí, con un tambor:

– ¡MEYAMBE, YAMBE, YEMAYÉ!
15 ¡MEYAMBE, YAMBE, YEMAYÉ!
¡SENSEMAYÁ, SENSEMAYÉ!
¡CUNCÚYERE, CUNCÚYERE, CUNCUYERÉ!
¡MEYAMBE, YAMBE, YEMAYÉ!
¡GRACIAS, CHANGÓ! ¡AÉ, AÉ!
20 ¡CHANGÓ, GRACIAS! ¡AÉ, AÉ!

—canta Jicotea cuando le ocurre algo bueno.

Jicotea también es amiga de Ochún, otro oricha, la diosa del amor y la dueña del oro, del cobre y del coral. Ochún es también la diosa del río, y en el río vive Jicotea. Por eso Jicotea es
25 tan amiga de Ochún y le canta en lucumí cuando Ochún viene a ayudar.

Cuentan que Jicotea tiene que vivir en el agua porque lleva fuego, o "candela," adentro. Todo el mundo dice: "Jicotea es candela." Esto quiere decir que hay que tener mucho cuidado
30 con Jicotea, porque ella lo sabe todo, es muy fuerte, no tiene miedo de nada y siempre sale ganando. También es muy difícil hacerle daño a Jicotea, porque ella nunca se muere.

Una vez, cuando las gallinas dormían y las estrellas estaban prendidas en el cielo, Jicotea iba por un sendero, caminando tan
35 despacio como siempre, y le llegó la hora de morirse. Membelle, la diosa de los muertos, vino a buscar a Jicotea.

A Jicotea le dio mucho miedo, y la boca de Jicotea dijo:

—¡No como más!

Y el corazón de Jicotea dijo:
40 —¡No trabajo más!

Y las piernas de Jicotea dijeron:

—¡No caminamos más!

Y allí quedó Jicotea, sin poder comer, sin poder caminar.

Mono fue el primero que empezó a bailar y a cantar:
45 —¡Qué bueno! ¡Ya cayó! ¡Ya se murió! Jicotea hizo "¡pacatapum!" y allí quedó. ¡Qué bueno! A Jicotea mala le llegó la hora. ¡Qué bueno! Jicotea ya no puede contar cuentos. Jicotea ya no puede contar chismes. ¡Qué bueno, Jicotea mala, tan fea como una piedra, tan mala como una culebra!
50 Y Jicotea, por primera vez en su vida, empezó a llorar:

—¡Ay, Changó, dame tu protección! ¡Ay, Ochún, ayúdame, Ochún! ¡Membelle, la diosa de los muertos, me quiere comer, con esa boca enorme que tiene! Ya siento sus dientes en mi espalda. ¡Ayúdame Ochún y te regalaré una pulsera de plata y
55 veinte anillos de oro, uno para cada dedo de las manos y para cada dedo de los pies!

Ochún vino y salvó a Jicotea. Pero todavía está esperando los regalos de Jicotea. Por eso Ochún no le borró a Jicotea las marcas que Membelle le dejó con sus dientes en la espalda.
60 Con estas marcas, Jicotea siempre recordará que Ochún le salvó la vida y todos sabrán que Jicotea no hace lo que promete.

POR QUÉ EL MONO ES MONO

A Jicotea le encanta contar chismes y cuentos y reírse de los hombres y de todos los animales. Uno de los cuentos favoritos de Jicotea explica por qué el mono no tiene ropa y no vive con los hombres, y dice de esta manera:

₆₅

Al principio, Obatalá, el más fuerte de todos los orichas, hizo el mundo y los animales. Hizo los animales de tierra y de diferentes maneras. El primer animal fue Jicotea. Pero todo este trabajo era mucho para Obatalá y fue a pedirle ayuda a algunos de los animales que ya estaban hechos. Obatalá fue a ver a Jicotea, y le dijo:

₇₀

—Tú sabes mucho Jicotea, y tú me puedes ayudar.

Pero Jicotea escondió la cabeza, las manos y los pies y dijo:

—Soy Jicotea. ¿Cómo voy a trabajar? No tengo manos, no tengo pies. Pero tengo buena memoria. Voy a abrir mucho los ojos para verlo todo bien y poder contar después.

₇₅

Obatalá fue a ver a los otros animales.

—Sí, Obatalá—dijeron los animales—. Te vamos a ayudar.

Cuando Obatalá vio al Mono le dijo:

—Oye, Mono, tú tienes cinco dedos en cada mano, tú me puedes ayudar mucho. Si trabajas bien, vas a poder vivir con los hombres y no con los animales. No vas a vivir en los árboles. Vas a tener una casa y vas a tener ropa. ¿Te gusta la idea?

₈₀

Cuando Mono oyó esto, se sintió muy contento. Empezó a saltar y a gritar.

₈₅

—¡Qué bueno! ¡Qué bueno!—gritó Mono—. ¡Voy a vivir con los hombres y no con los animales!

Mono pasó todo el día y toda la noche diciendo esto a todos los animales. Estaba tan ocupado cantando, saltando y gritando que no trabajó.

Al día siguiente, Obatalá vino a ver qué hacían los animales. Vio que todos los animales estaban trabajando, algunos más, algunos menos. Pero Mono era el más perezoso. No hacía más que aplaudir, bailar y cantar en lucumí delante de todos los animales que estaban trabajando:

- ¡ÑEQUE, ÑEQUE,
  CUSEMBE, CUSEREMBÁ!
  YO VOY CON LOS HOMBRES,
  Y A TODOS USTEDES,
  LOS DEJO ATRÁS.
  ¡ÑEQUE, ÑEQUE,
  CUSEMBE, CUSEREMBÁ!

Cuando Obatalá vio esto le dijo:

—Lo siento, Mono. Tú nunca vas a ser hombre. Siempre vas a ser un mono, porque eres muy perezoso.

—¡Ja, ja, ja!—se ríe Jicotea—. Por eso Mono se quedó mono. ¡Tan feo y sin ropa! ¡Ja, ja, ja!

¿DE QUÉ SE TRATA?

1. En el primer cuento, ¿crees que fue justo lo que Ochún le hizo a Jicotea? ¿Por qué?
2. ¿En qué se parece el primer cuento al segundo? ¿En qué se parecen estos cuentos a otros cuentos de animales que tú conoces?
3. ¿Tienes un amigo o amiga que tenga las mismas características que Jicotea o Mono? Describe a esa persona.

¿QUÉ QUIERE DECIR?

el esclavo	slave	**de esta manera**	in this way
el cobre	copper	**escondió**	hid
prendidas = encendidas		**saltar**	to jump
la culebra = la serpiente		**estaban trabajando**	were working
siento	*here:* I feel	**atrás**	behind
sabrán	will know		

Dos leyendas de México

por Adriana Montemayor Ivy

¿Crees en lo sobrenatural (*the supernatural*)? ¿Has tenido tú (*have you had*) alguna experiencia sobrenatural?

La flor de la Nochebuena

En un pueblecito de México vivía un niño muy pobre que se llamaba Pablito. Cada Navidad en la iglesia del pueblo ponían un nacimiento. Había una costumbre del pueblo que todos los niños tenían que llevarle regalos al niño Jesús. Pablito quería
5   visitar el nacimiento de su iglesia, pero esta Navidad no sabía cómo hacerlo.

—¿Qué te pasa, hijito?—le preguntó su mamá, quien veía que su hijo no estaba contento.

—Madrecita, estoy triste porque no tengo dinero para comprar
10 regalos y llevarlos a la iglesia—respondió Pablito.

El niño lloró mucho y salió de su casa. Mientras caminaba por el camino polvoriento, encontró una planta que crecía allí. Pensó que podía llevar a la iglesia unas de sus ramas verdes, como regalo para el niño Jesús. Cuando cortó las ramas, ocurrió un
15 milagro. De repente, salieron flores que parecían estrellas rojas. Viendo estas flores tan hermosas Pablito exclamó:

—¡Ahora sí tengo un regalo muy especial para llevar al nacimiento!

Con mucha prisa, llevó a la iglesia las bellísimas flores y las
20 dejó cerca de la cuna del niño Jesús. Cuando Pablito salió de la iglesia, vio en el cielo una estrella que tenía una luz tan fuerte que iluminó a todo el pueblecito. Pablito nunca se olvidó de esa Navidad tan especial.

El ojo de dios

En un pueblo había una india bonita que tenía quince años.
25 Tenía el cabello largo y muy negro y los ojos grandes. Nació
ciega y sus padres creían que los dioses estaban enojados con
ellos. Un día la muchacha le dijo a su madre:

—Mamá, no quiero ser ciega. Yo quiero ver el sol, las flores,
los pájaros del campo y a Uds. que me dieron vida.

30 La madre le contestó:

—Hija, yo estoy muy triste porque naciste sin ver este mundo
tan hermoso. El dios del sol nos mandó este desastre y te va a
dar la vista sólo si puedo duplicar su ojo.

Cuando le dijo esto, salieron lágrimas de los ojos de la india
35 bonita. La luz del sol reflejó varios colores en las lágrimas de la
pobrecita india.

La madre, viendo tantos colores en las lágrimas, gritó:

—¡Ya sé cómo es el ojo del dios del sol!

Corrió a buscar estambre y lana para duplicar los colores que
40 estaban en las lágrimas de su hija. Hizo un diamante con el
estambre y la lana. Este diamante simbolizó el ojo del dios del
sol. Colocó el ojo de dios sobre los ojos de su hija. Cuando la
muchacha abrió sus ojos vio la luz del sol y todas las cosas que
siempre quería ver.
45 La familia de la muchacha y todo el pueblo celebraron este día
magnífico con mucha comida, música y bailes.

¿DE QUÉ SE TRATA?

1. La flor de la Nochebuena y el ojo de dios son dos leyendas de México
   que tienen elementos religiosos. ¿Conoces otros cuentos de México
   que tienen estos elementos?
2. ¿Conoces otros cuentos en que ocurren sucesos (*events*) que parecen
   ser sobrenaturales?

¿QUÉ QUIERE DECIR?

la leyenda	legend	**el cabello** =	el pelo
la Nochebuena	Christmas Eve	**ciega**	blind
el nacimiento	Nativity scene	**la vista**	sight
la costumbre	custom	**la lágrima**	tear
polvoriento	dusty	**el estambre**	yarn
crecía	grew		
la rama	branch		
el milagro	miracle		
la cuna	crib		